The Last Day Gratitude Journal

LUNA PEAK

ONE DAY AT A TIME

This is a gratitude journal to help you stay present and grounded.

This journal adds gravity to gratitude when considering mortality with each day's entry. Let's treat each day as if it were actually our last, and let gratitude unfold.

We encourage you to start your journal entries every day with writing out the words "On the last day of my life, I'm thankful for..." before writing out your list.

We applaud your bravery in filling this out and hope it helps you celebrate life every day.

-Gracelyn Bateman & Melody Lomboy-Lowe
Co-Founders, Luna Peak Foundation

LUNA PEAK

Date

On the last day of my life, I'm thankful for...

Date

Date

Date

Date

Date

Date

Date

Date

Date

Date

Date

Date

Date

Date

Date

Date

Date

Date

Date

Date

Date

Date

Date

Date

Date

Date

Date

Date

Date

Date

Date

Date

Date

Date

Date

Date

Date

Date

Date

Date

Date

Date

Date

Date

Date

Date

Date

Date

Date

Date

Date

Date

Date

Date

Date

Date

Date

Date

Date

Date

Date

Date

Date

Date

Date

Date

Date

Date

Date

Date

Date

Date

Date

Date

Date

Date

Date

Date

Date

Date

Date

Date

Date

Date

Date

Date

Date

Date

Date

Date

Date

Date

Date

Date

Date

Date

Date

Date

Date

Date

Date

Date

Date

Date

Date

Date

Date

Date

Date

Date

Date

Date

Date

Date

Date

Date

Date

Date

Date

Date

Date

Date

Date

Date

Date

Date

Date

Date

Date

Date

Date

Date

Date

Date

Date

Date

Date

Date

Date

Date

Date

Date

Date

Date

Date

Date

Date

Date

Date

Date

Date

Date

Date

Date

Date

Date

Date

Date

Date

Date

Date

Date

Date

Date

Date

Date

Date

Date

Date

Date

Date

Date

Date

Date

Date

Date

Date

Date

Date

Date

Date

Date

Date

Date

Date

Date

Date

Date

Date

Date

Date

Date

Date

Date

Date

Date

Date

Date

Date

Date

Date

Date

Date

Date

Date

Date

Date

Date

Date

Date

Date

Date

Date

Date

Date

Date

Date

Date

Date

Date

Date

Date

Date

Date

Date

Date

Date

Date

Date

Date

Date

Date

Date

Date

Date

Date

Date

Date

Date

Date

Date

Date

Date

Date

Date

Date

Date

Date

Date

Date

Date

Date

Date

Date

Date

Date

Date

Date

Date

Date

Date

Date

Date

Date

Date

Date

Date

Date

Date

Date

Date

Date

Date

Date

Date

Date

Date

Date

Date

Date

Date

Date

Date

Date

Date

Date

Date

Date

Date

Date

Date

Date

Date

Date

Date

Date

Date

Date

Date

Date

Date

Date

Date

Date

Date

Date

Date

Date

Date

Date

Date

Date

Date

Date

Date

Date

Date

Date

Date

Date

Date

Date

Date

Date

Date

Date

Date

Date

Date

Date

Date

Date

Date

Date

Date

Date

Date

Date

Date

Date

Date

Date

Date

Date

Date

Date

Date

Date

Date

Date

Date

Date

Date

Date

Date

Date

Date

Date

Date

Date

Date

Date

Date

Date

Date

www.ingramcontent.com/pod-product-compliance
Lightning Source LLC
LaVergne TN
LVHW022027051126
851858LV00004B/69
* 9 7 9 8 9 8 9 0 1 8 8 8 8 *